El taller de

SLIME

20 PROYECTOS PARA CREAR SLIMES SORPRENDENTES

· · · · · · · · ·

¡SIN BÓRAX!

El taller de SLIME

SELINA ZHANG
(@anathemaslime)

Picarona

Puedes consultar nuestro catálogo en www.picarona.net

Esta publicación es una guía para hacer diferentes tipos de slime y está dirigida a jóvenes lectores con supervisión adulta. Esta publicación incluye proyectos de ciencia DIY (hágalo usted mismo) que contienen ingredientes domésticos de uso diario que pueden causar reacciones menores o provocar reacciones sensibles al contacto o al olor. Estos proyectos son recetas y no producen alimentos, ni artículos comestibles y no están destinados a ser ingeridos. El editor no será responsable en ningún caso del uso o la aplicación de cualquier información contenida en esta publicación, ni de cualquier efecto adverso, consecuencia, pérdida o daño de cualquier tipo que resulte, directa o indirectamente, del uso o aplicación de cualquier información contenida en esta publicación. Cualquier marca registrada es propiedad de sus respectivos dueños y se utilizan aquí sólo con fines editoriales, y no indican ni sugieren una conexión o asociación, y el editor no reclama en ningún caso la propiedad de dichas marcas y no adquirirá ningún derecho, título o interés en ellas por virtud de esta publicación.

EL TALLER DE SLIME
Texto: *Selina Zhang*

1.ª edición: septiembre de 2018

Título original: *The Slime Workshop*

Traducción: *Pilar Guerrero*
Maquetación: *Montse Martín*
Corrección: *Sara Moreno*

Publicado originalmente por Lark Crafts sello editorial de Sterling Pub. Co.
© 2017, Selina Zhang por el texto
© 2017, Sterling Publishing Co., por el diseño de cubierta, de interior,
las imágenes y la introducción y el apartado «Manos a la obra».
Este título ha sido negociado a través de Ute Körner Lit. Ag.
www.uklitag.com
Reservados todos los derechos)
© 2018, Ediciones Obelisco, S. L.
www.edicionesobelisco.com
(Reservados los derechos para la lengua española)

Edita: Picarona, sello infantil de Ediciones Obelisco, S. L.
Collita, 23-25. Pol. Ind. Molí de la Bastida
08191 Rubí - Barcelona
Tel. 93 309 85 25 - Fax 93 309 85 23
E-mail: picarona@picarona.net

ISBN: 978-84-9145-194-5
Depósito Legal: B-20.342-2018

Printed in Spain

Impreso en Gráficas 94, Hermanos Molina, S. L.
Polígono Industrial Can Casablancas
c/ Garrotxa, nave 5 - 08192 Sant Quirze del Vallès (Barcelona)

Para mi mami

Contenido

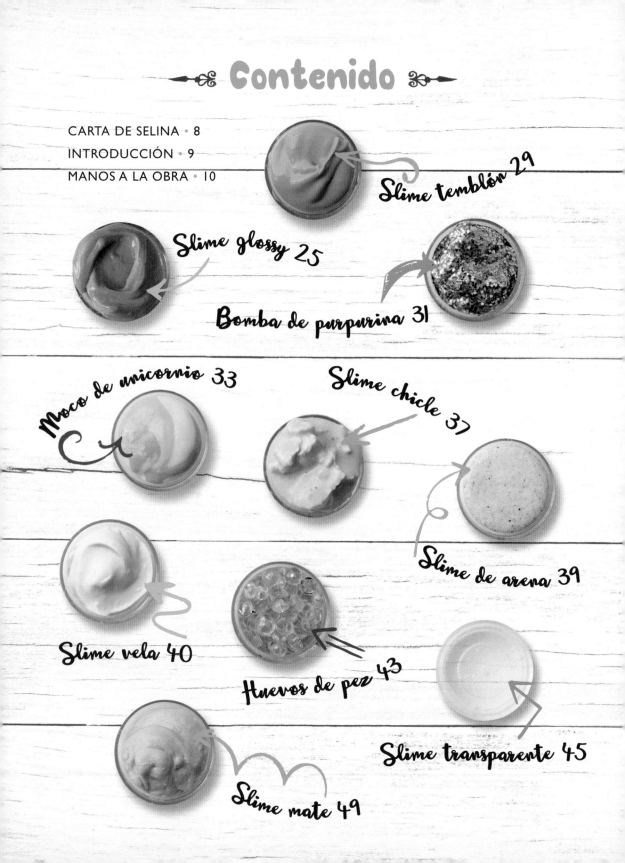

Slime manteca 50

Slime nieve 53

Slime de pompas 57

Slime galáctico 54

Slime de espuma 59

Slime de burbujas 61

Slime metálico 65

Slime de papel maché 67

Slime esponjoso 68

Slime luminoso 71

Carta de Selina

¡Bienvenido a *El taller de slime!* En este libro, hay 20 proyectos diferentes para crear slimes superdivertidos y superincreíbles. ¡Van desde los satinados a los mates, pasando por los crujientes y muchos más! La primera vez que me topé con el slime tenía 13 años y me fascinó al instante. El primer slime que hice yo sola fue una especie de baba blanca y esponjosa. Después de eso, no dejé de experimentar con diferentes mocos. Me encanta lo bonitos que quedan y cómo me ayudan a relajarme, especialmente después de un día complicado en la escuela.

Abrí una cuenta en Instagram en octubre de 2016 para enseñar mis slimes, y desde entonces ha crecido hasta tener más de 350.000 seguidores. Unos meses más tarde, creé mi propio sitio web: anathemaslime.com. Mi primera publicación en Instagram fue un moco blando mal pegado a una silla; en ese momento me pareció que era un gran vídeo, pero ahora… no me gusta tanto. ¡Afortunadamente, he mejorado mucho en mis vídeos! Subo nuevas fotos y vídeos de slimes en mi sitio web y en Instagram, siempre que tengo tiempo libre. ¡Ha sido fantástico dar a conocer los slimes que he hecho a mis seguidores *online* y no puedo esperar para compartir mis proyectos en este libro! Hacer slimes y jugar con babas y mocos es muy divertido y relajante. Ahora puedes descubrir lo chulo que es hacer slime tú mismo. ¡Espero que disfrutes leyendo este libro tanto como yo he disfrutado al escribirlo!

-Selina

Introducción

 ero cómo puede no gustar el slime? Éstas son las razones por las que el slime es una pasada:

- Se puede fabricar con ingredientes normales que todo el mundo tiene en casa.

- Es superagradable estirarlo, chafarlo, manosearlo, machacarlo y amasarlo.

- Lo puedes hacer brillante, colorido, metalizado, mate, con purpurina, crujiente, arenoso o suave.

- Hay infinitas formas de experimentación con diferentes texturas y pedorretas distintas.

- ¡Incluso se pueden hacer hinchables!

El taller de slime contiene toda la información que necesitas para crear tu propio laboratorio de mocos en casa. Estos veinte proyectos no sólo son una divertida introducción a la elaboración de slimes, sino que contienen variaciones y trucos que incluso dejarían ojiplático a un experto fabricante de mocos.

Si estás buscando un slime superelástico y brillante, el glossy es lo tuyo. ¿Que lo prefieres crujiente? Los huevos de pez son lo ideal. ¿Prefieres uno que explote cuando lo chafas? Entonces lo tuyo es el de pompas. Y si lo que te gusta es que chisporrotee, haz uno de espuma.

Entra en la sección de «Manos a la obra» para ver las herramientas y materiales que necesitas, cómo hacer tu slime y aprender toda la ciencia que se esconde detrás si eres curioso.

¡Así que reúne los materiales, móntate un taller casero y empieza a moquear!

Manos a la obra

La ciencia del slime

¿Qué es el slime? Para responder a esta pregunta, primero tenemos que hablar de *Sir* Isaac Newton, uno de los científicos más importante de todos los tiempos que vivió en Inglaterra en el siglo XVII. Seguramente ya habrás oído habla de él por la historia ésa de la manzana que le cayó en la cabeza cuando estaba pensativo bajo un árbol, permitiéndole así descubrir la gravedad. Aunque éste es uno de sus descubrimientos más importantes, también pasó mucho tiempo estudiando los fluidos.

Newton observó que la viscosidad de un fluido –lo rápido o lento que fluye– se ve afectada por la temperatura. Los fluidos calientes fluyen más rápido y los fríos más lentamente. El sirope de arce caliente se derrama más rápido que el sirope de arce frío. Pero ¿qué pasa cuando un fluido *no reacciona* a la temperatura? Pues que se los llama «fluidos no newtonianos» porque no obedecen a las mismas leyes de viscosidad. El slime es un ejemplo de fluido no newtoniano.

Y si la temperatura no afecta a la viscosidad de un fluido no newtoniano, ¿qué lo hará? La respuesta es la aplicación de «tensión», cómo puede ser chafar, estirar y agitar. ¿Te suena? ¡Es exactamente lo que hacemos con el slime! Es chafando, estirando y manoseando como se deforma un fluido no newtoniano.

¿Y por qué se mezcla cola con otros ingredientes para hacer un slime? La cola es un polímero, o sea, una larga cadena de moléculas repetidas. El almidón líquido también es un polímero. Cuando estos dos polímeros viscosos se unen, tiene lugar un proceso llamado «reticulación» o enlaces cruzados. Es decir, que se forman enlaces que unen entre sí dichas largas cadenas de moléculas. Mediante ese proceso podemos transformar un líquido en esa cosa que tanto nos gusta y que conocemos como slime.

¿Qué es un activador de slime?

Un activador es el ingrediente líquido que enlaza las moléculas de una mezcla para darle consistencia viscosa. En *El taller de slime* usaremos dos activadores diferentes:

- Almidón líquido
- Líquido de lentillas con bicarbonato diluido (*véase* más abajo)

Para la mayoría de los slimes se pueden usar indistintamente el almidón líquido o el líquido de lentillas con bicarbonato.

Si usas lentillas y tienes líquido en casa, asegúrate de que éste contenga ácido bórico. Mezclando líquido de lentillas que lleve ácido bórico con bicarbonato se crean iones de boro. Cuando se mezclan con cola, dichos iones son los responsables de los enlaces cruzados que forman la textura viscosa del slime.

Para diluir el bicarbonato, mezcla dos cucharaditas (10 mg) de bicarbonato en ½ taza (118 ml) de agua caliente **(pide a un adulto que te caliente el agua)** y bate con una cucharilla hasta que se disuelva. Alterna dos cucharaditas de bicarbonato disuelto con una cucharadita de líquido de lentillas para conseguir viscosidad.

Seguridad con el slime

Hacer slime es divertido, pero es importante recordar que todo el proceso es ciencia. Antes de empezar con estos miniproyectos químicos, es fundamental observar unas cuantas precauciones básicas.

¡ESTO ES QUÍMICA!

Ten presente que esto es ciencia, así que tienes que aplicar las reglas fundamentales de la ciencia a la fabricación del slime: **nunca** te comas los ingredientes que estás usando para hacer el slime y **nunca** te toques los ojos hasta que te hayas lavado las manos muy bien con agua y jabón.

LAVARSE LAS MANOS

Es **muy importante** lavarse las manos antes **y sobre todo después** de tocar los ingredientes para los experimentos. Tener las manos bien limpias antes de empezar un experimento asegura que no añadas elementos extraños, que pudieras tener adheridos a las manos, a tu mezcla (a nadie le gustaría manchar su slime con migas de sándwich, ¿no?). Lavarse bien las manos después del trabajo evita que nos metamos productos químicos en la boca o en los ojos accidentalmente..

HERRAMIENTAS DE LIMPIEZA

Vas a utilizar recipientes para mezclas, vasos medidores de líquidos, cucharas medidoras y otros elementos que seguro tienes en la cocina. Lo ideal es tener todas esas herramientas destinadas únicamente a hacer slime, reservadas para este tipo de trabajo. Para limpiar tus herramientas, enjuágalas bajo agua corriente, usa un estropajo con esponja para frotar y un bote de jabón de lavar platos. Después de lavarlo todo, enjuaga bien y seca con un paño limpio. No querrás guarnición de slime con tu filete, ¿no?

* ¡PIDE PERMISO A TUS PADRES! *

Asegúrate siempre de tener permiso de un adulto antes de ponerte a trabajar. **Asegúrate también de que un adulto te está supervisando.** Y, sobre todo, procura tener un adulto cerca cuando estés haciendo slime vela, slime de espuma, slime de pompas, huevos de pez y slime chicle, porque tendrás que utilizar materiales que requieren la vigilancia de un adulto responsable por tu propia seguridad.

Tu kit de slime especial

Antes de empezar a hacer slime, necesitarás recopilar los materiales necesarios para hacer tu kit de trabajo. Dicho kit se compone de herramientas y materiales concretos con los que poder elaborar cualquiera de los proyectos que aparecen en este libro.

RECIPIENTES

Puedes utilizar recipientes diversos para hacer tus mezclas, como un tazón, un bol, una fiambrera o cualquier recipiente ancho y hondo. Lo usarás para mezclar los materiales, amasarlos y estirarlos hasta formar el slime.

UTENSILIOS DE MEZCLA

Una cuchara grande, una espátula, un palo e incluso un boli pueden servir para mezclar los ingredientes. Si quieres doblar o triplicar las cantidades que se presentan en esta obra para conseguir un slime más abundante, tendrás que doblar o triplicar el tamaño de los utensilios: cucharas de palo grandes, espátula de cocina larga o un palo de remover pintura largo.

VASO MEDIDOR DE LÍQUIDOS

Estos vasos o jarritas tienen marcas inscritas a lo largo de su superficie para indicarnos las cantidades de líquido que necesitamos. Las medidas suelen estar en mililitros. Normalmente, utilizaremos un vaso medidor que contenga 237 ml para hacer nuestros proyectos.

CUCHARAS MEDIDORAS

Las cucharas medidoras se utilizan para medir el volumen de los ingredientes secos y suelen venderse en sets que van de ¼ de cuchara a 1 cuchara completa. Para nuestros proyectos sólo necesitarás 1 cuchara normal y un set de cucharas medidoras.

ACTIVADOR DE SLIME

Tanto el líquido de lentillas mezclado con bicarbonato como el almidón líquido pueden emplearse, indistintamente, como activadores para la mayoría de los proyectos que hay en este libro. Escoge el que prefieras o el que tengas más a mano.

TARRO HERMÉTICO

Para que el slime dure más tiempo, debe guardarse en un tarro hermético para que no se reseque ni se ensucie. Consigue tarros de 237 ml a 355 ml para guardar en ellos tu slime cuando no estés jugando con él.

Materiales

Vamos a echar un vistazo a todos los materiales que usaremos en nuestros proyectos. Para ayudarte a encontrar ciertos ingredientes, tienes una sección de «Fuentes» (*véase* página 73).

PEGAMENTO PVA (COLA BLANCA)

El pegamento PVA es la cola básica que emplearemos. Puede ser la típica cola blanca o pegamento transparente. Podemos encontrarlo en botes grandes, que salen más baratos, o en botecitos pequeños para uso escolar. La cola blanca la usaremos cuando hagamos un slime opaco, mientras que para un slime traslúcido utilizaremos pegamento transparente. Si tu idea es hacer un montón de slime, lo mejor será comprar botellas grandes de cola.

ACTIVADORES DE SLIME

Como hemos mencionado anteriormente, los activadores son líquidos que aglutinarán todos los ingredientes necesarios para hacer slime. Son:

– Almidón líquido

El almidón líquido es ideal para pegar cosas chulas en tus camisetas con la plancha, así como para activar el slime. Se compra en bolsas grandotas.

– Líquido de lentillas

¿Lentillas sucias? Enjuágalas con solución para lentes de contacto. ¿Necesitas un activador de slime? ¡Pues añade este liquidillo a tu mezcla! La solución para lentes de contacto se compra fácilmente en la mayoría de las droguerías y en todas las ópticas, pero, en cualquier caso, ¡asegúrate que contiene ácido bórico!

– Bicarbonato

Científicamente se llama bicarbonato sódico y se trata de un polvo blanco muy fino que se emplea para muchos usos distintos, como hornear, limpiar e incluso para controlar plagas de bichos. El bicarbonato es un componente importante del líquido de lentillas, y si lo disolvemos en esta solución, se convierte en un activador fantástico.

Asegúrate de que tu bicarbonato no pasa de la fecha de caducidad. Si es un bicarbonato viejo y caducado, será menos eficaz y puede estropearte el slime.

Tu taller de slime

Hacer slime es una tarea bastante pegajosa, así que escoge un buen sitio para poner tu taller, donde no moleste ni se ensucie nada. Busca una mesa de superficie lisa y suave para poner todos los ingredientes y darles forma, lejos de cosas que puedan estropearse, como tapizados, tu propia ropa, sillones o sofás o alfombras. Se puede usar el mármol de la cocina, pero, en ese caso, habrá que limpiar muy bien la superficie de trabajo y desinfectarla perfectamente después de hacer los slimes, porque ahí se prepara la comida y no queremos disgustos. En cualquier caso, para proteger cualquier superficie en la que decidas trabajar y poderlo limpiar todo mejor y más rápidamente, extiende un mantel de papel o un trozo de plástico o un hule sobre el banco de trabajo. Ni se te ocurra utilizar papel de periódico o papeles normales porque se pegarán al slime.

ESPUMA DE AFEITAR

La espuma de afeitar te ayudará a dotar un slime de consistencia esponjosa y suave. Pero debes usar auténtica espuma de afeitar, no estos geles modernos que se usan ahora, sino espuma de toda la vida.

JABÓN DE MANOS EN ESPUMA

El jabón en espuma ayuda al slime a conseguir una textura aún más esponjosa. Asegúrate de contar con un jabón de manos en espuma, no un jabón normal, porque de dicha espuma dependerá la esponjosidad de tu slime.

JABÓN DE CARA EN ESPUMA

Con este tipo de jabón para la cara, el slime será más esponjoso si cabe. Recuerda que no vale cualquier jabón para la cara, sino el que viene ya en forma de espuma. Ésa es la clave.

LOCIÓN

La loción ayuda a hacer el slime más elástico. Cualquier loción te servirá y seguro que en tu casa hay alguna rodando. Si usas una loción perfumada, tu slime tendrá un agradable aroma.

ARCILLA BLANCA

Para hacer slime manteca, la arcilla blanca es la clave que dará al slime la capacidad para extenderse, mantenerse opaco y suave, con la misma consistencia que la mantequilla. La arcilla se seca y endurece al secarse, así que debes asegurarte de guardar el slime manteca en un tarro hermético cuando no lo estés usando.

TALCO PARA BEBÉS

Puede sustituirse por harina de maíz en los slimes mates (página 49). El talco da apariencia mate al slime y además lo espesa.

PURPURINA

Añade una pizca de purpurina para hacer tu slime brillante. Hay una gran variedad de purpurinas de diferentes texturas y colores —las puedes comprar finísimas o de grano más gordo, como si fueran pequeñas piezas—. ¡Experimenta con colores y granulados para crear un slime que resulte hipnótico para los ojos!

CUENTAS Y BOLITAS DE POLIESTIRENO

Estas bolitas son muy importantes cuando se trata de hacer slimes con consistencia de espuma (página 59). La textura de las bolitas de poliestireno es lo que produce ese sonido crujiente cada vez que estiras o amasas el slime crujiente.

COLORANTE ALIMENTARIO

El colorante alimentario es un líquido de diferentes colores que viene en minibotellitas y que se puede comprar en el súper. Basta con una gotita cada vez que amases hasta conseguir el tono deseado.

PIGMENTOS

Los pigmentos añaden color y dejan los slimes muy bonitos, y tienen textura de polvo fino. Hay infinidad de colores y se pueden hacer slimes metalizados o con brillos metálicos. Pero hay que tener cuidado cuando se trabaja con estos pigmentos porque son volátiles y acaban manchando la ropa, las alfombras y todo lo que esté cerca de ellos.

PINTURAS

La pintura es mucho más barata —y la encuentras con toda facilidad— y es la mejor alternativa a los pigmentos. La pintura acrílica se encuentra en todas las papelerías y en los bazares chinos, con infinidad de tonos, incluso con toques metálicos si quieres darle a tu slime un aspecto cibernético.

Colorear el slime

Puedes añadir colorante alimentario, pigmentos o pintura acrílica al slime cuando empieces a mezclar los primeros ingredientes o justo después de haber incorporado el activador, cuando estés contento con la textura conseguida. En muchas de las instrucciones verás que te recomiendo añadir el color al principio. Así no te ensuciarás tanto las manos, pero puedes añadirlo más tarde si lo prefieres.

Si quieres añadirlo al final, cuando tu slime ya esté totalmente formado, notarás que te cuesta un poco y que tienes que amasarlo mucho. Esto es lo que harás:

- Coloca el slime en una superficie limpia. Añade unas gotas de colorante o de pintura acrílica, o bien un pellizquito de pigmento, justo en el centro del slime.

- Agarra un trozo del slime por un lado y por el otro estira. Dóblalo hacia el centro e hinca los dedos por todo el slime. Repite la operación: estira mucho, dobla por la mitad y ve clavando los dedos. Con este procedimiento irás repartiendo el color por toda la masa sin que gotee nada mientras lo vas amasando.

- Coge el slime con ambas manos y sepáralas estirándolo mucho, dóblalo en dos, amasa y vuelve a estirarlo. Repite varias veces hasta que el color se reparta bien y quede incorporado.

- Pon el slime otra vez en la mesa y repite el estirado, doblando, hincado de dedos y amasado. Esto lo harás hasta que te guste el color que ha quedado.

POLVO FLUORESCENTE

También conocido como polvo fosforito, consigue que tu slime brille en la oscuridad. Cuando lo mezclas con el slime, sólo tienes que dejar que se «cargue» con la luz del sol o con alguna fuente de luz. Luego apaga las luces y verás tu slime brillando solo.

BOLITAS ACRÍLICAS PARA FLOREROS

Las bolitas acrílicas que se utilizan para los floreros sirven para hacer huevos de pez, y le dan esa textura crujiente tan divertida cuando lo manipulas. Se trata de unas bolitas decorativas que puedes comprar en las floristerías, por ejemplo. Si no las encuentras, usa abalorios de colores o transparentes. Suelen venderse en los bazares chinos y en las tiendas de abalorios para bisutería.

POLVO DE NIEVE

Añade un poco de agua al polvo de nieve y verás cómo se hincha al instante para convertirse en una esponjosa nieve artificial. Mézclalo con tu slime para conseguir un slime nieve (página 53) y podrás hacer muñecos de nieve en cualquier momento del año.

BOLAS DE AGUA

Las bolas de agua tienen un aspecto pequeño, duro y redondito cuando están secas, pero cuando se mojan crecen más del doble y parecen gotas de agua. Si las apretujas conseguirás un slime de pompas chisporroteante (página 57).

ARENA

La arena la puedes comprar en las grandes superficies y tiendas de jardinería en sacos grandes. Pero en tiendas de manualidades y bazares chinos la encontrarás en sacos más pequeños y de colorines para decoración. Si utilizas este tipo de arena de colores, no tendrás que teñir tu slime de arena (página 39).

VELAS

La cera de las velas nos permitirá conseguir slimes velas (página 40) con una textura suave y cerosa. Usa cera de velas perfumadas para conseguir slimes aromáticos. ¡Mucho cuidado cuando manipules la cera caliente! **Asegúrate de contar con la supervisión de un adulto.**

BOLITAS DE POREXPÁN

¿Quién sabe que las bolitas de porexpán no sólo sirven para embalar cosas frágiles, sino que se pueden unir para formar un slime chicle (página 37)? Si no tienes bolas de porexpán a mano, coge cualquier trozo de porexpán que tengas por casa y desmenúzalo hasta conseguir trocitos pequeños.

PAÑUELOS DE PAPEL

Cuando hacemos slime de papel maché (página 67), se usan los pañuelos de papel para conseguir la textura grumosa de las manualidades típicas de papel maché. Dado que estos pañuelos son muy suaves y se rompen con facilidad, cuanto más trabajes tu slime más se desintegrarán los pañuelos que hayas usado.

¡Ups! Eliminar el slime

¿Tu slime se ha desmadrado y te ha invadido? ¿Se ha caído en la alfombra? ¿En el sofá? Los accidentes pasan, pero el milagro del vinagre nos salvará de todos los males.

- **SLIME EN EL PELO:** Si tienes el pelo largo, pon el vinagre en una palangana y sumerge la melena en él. Deja que se remoje uno o dos minutos y luego retira el slime con los dedos. Cuando lo hayas retirado todo, tira el vinagre y lávate el pelo con agua y champú. Si tienes el pelo cortito y el slime te ha llegado al cuero cabelludo, moja una toalla en el vinagre y póntela empapada como un turbante durante un par de minutos. ¡Cuidado no te caiga vinagre en los ojos! Pasado ese tiempo, retira los trocitos de slime con los dedos. Luego te lavas con champú y pones la toalla en la lavadora.

- **SLIME EN LA ALFOMBRA:** Usa una cuchara para retirar lo más gordo. Ve arrastrando el slime desde los extremos hacia el centro para ir formando una bola, impidiendo que se extienda. Una vez que hayas retirado lo más importante, echa vinagre sobre los restos que hayan quedado empapando bien las zonas afectadas. Tras un par de minutos y con una cuchara limpia, ve arrancando los restos. Limpia la cuchara de vez en cuando con un paño humedecido en agua. Espera a que la alfombra se seque y pasa después la aspiradora.

- **SLIME EN LA ROPA:** Coloca la prenda en una superficie blanda y usa una cuchara para arrastrar los restos de slime, desde los bordes externos hacia el centro, para unir los restos en una sola bola. Cuando hayas retirado la mayor parte, empapa la prenda en vinagre, particularmente en las zonas con manchas de slime. Deja pasar uno o dos minutos y usa una cuchara limpia para retirar los restos. Después lava la prenda y limpia los objetos con agua.

- **SLIME EN EL SOFÁ (o en otras superficies tapizadas):** Usa una cuchara para eliminar el slime. Trabaja desde los bordes hacia el centro para evitar que la mancha de slime se haga más grande. Una vez que hayas rascado el slime, echa el vinagre sobre el slime restante hasta que esté bien empapado. Espera un minuto y usa una cuchara limpia para rascar el slime que quede. Frota el lugar donde estaba la mancha con un paño húmedo.

Almacenar tus slimes

Cuando acabes de jugar con tus slimes, deberías guardarlos dentro de un tarro de 237 o 355 ml hermético para que no le dé el aire. Las fiambreras de plástico para la comida son buenos recipientes de almacenaje y los puedes comprar en los bazares chinos en la misma sección de las bolsas para bocatas y los rollos de papel de aluminio. Si en casa se pide comida a domicilio, guarda las fiambreras limpias y reutilízalas para tus slimes.

Soluciones para tus slimes

¿Tienes algún problema con el slime? Además de ser una ciencia, es un arte de lo más complejo y requiere algunas modificaciones hasta conseguir la consistencia adecuada. Aquí tenemos unos cuantos problemas comunes que aparecen cuando se hace slime y la manera de solucionarlos.

EL SLIME SE RESECA

Si notas que tu slime se reseca, sólo necesitas darle un poco de humedad para que recupere su consistencia. Puedes añadirle un poco de loción o pasarlo por un chorro de agua caliente. Desgraciadamente, el slime manteca (página 50) no se puede recuperar cuando se seca. El slime manteca se hace con arcilla blanca, y cuando la arcilla se seca, el slime también se seca. En este caso tendrás que hacer un nuevo lote.

EL SLIME SE ENDURECE TANTO QUE SE ROMPE

Si tu slime se endurece y no puedes jugar con él porque se rompe cuando lo estiras, necesitas reblandecerlo. Para ello tendrás que incorporarle cola disuelta en loción. Añade unos chorritos y vuelve a amasar el slime, hasta que recupere su consistencia. Ve añadiéndole más loción hasta que sea nuevamente elástico. También puedes añadirle cola disuelta en agua caliente.

EL SLIME SE PEGA DEMASIADO

Si tu slime se pega a tus dedos y es imposible jugar con él, tienes que añadirle más activador. Ponle unas cuantas gotas y amasa, procurando que penetre por dentro. Sigue amasando hasta que notes que el slime no se pega ni al bol ni a tus manos.

LAS BOLITAS SE CAEN SOLAS

Si las bolitas se caen del slime, entonces es que hay demasiadas bolitas o el slime está demasiado duro. Añade sólo un poquito más de slime, 15 ml cada vez que amases, hasta que veas que no se caen y no queda rígido. También puedes intentar suavizar el slime con un poco de loción para que las bolitas queden adheridas y no se caigan. Ten cuidado de no usar demasiado activador. El slime debe quedar un pelín pegajoso para que las bolitas no se caigan.

Saber cuándo es momento de tirar el slime

En esta vida todo se acaba, ¿verdad? Pues el slime no es una excepción, no es eterno. Deberás saber cuándo es momento de tirarlo y hacer otro nuevo:

- Cuando tiene un olor rarillo.

- Cuando su color cambia drásticamente.

- No funciona bien y ninguna de las soluciones anteriores lo arregla.

¿Estás listo
para empezar
a hacer slime?
¡Vamos allá!

Proyectos de SLIME

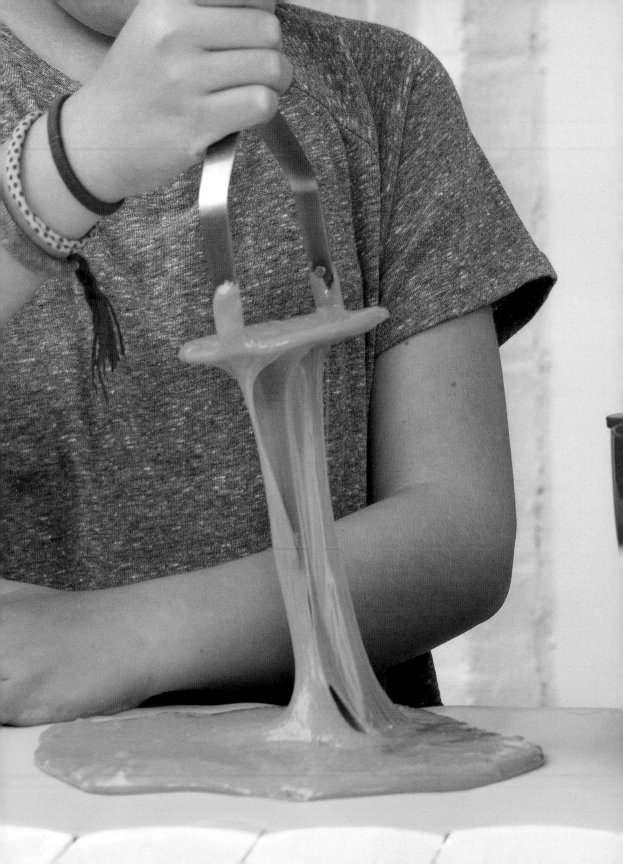

Slime glossy !

Éste es un slime brillante muy divertido para manosear, destripar y estirar. Es un slime básico que encontraremos en muchos otros proyectos, de manera que es el mejor comienzo para experimentar y crear tus propios slimes.

LO QUE NECESITAS

1 kit de slime

237 ml de cola blanca PVA

1 cucharada (15 ml) de loción

Colores de tu elección (pigmentos, colorante alimentario o pintura)

Activador: 6 cucharadas (89 ml) de almidón líquido o 3 cucharaditas (15 ml) de líquido de lentillas y 2 cucharaditas (10 ml) de bicarbonato diluido (véase página 11)

LO QUE VAS A HACER

1. Coloca la cola blanca, la loción y el color en un bol.

2. Con tu cuchara mezcladora, mezcla bien los ingredientes.

3. Incorpora 1 cucharada de almidón líquido (15 ml) o 1 cucharadita (5 ml) de líquido de lentillas con el bicarbonato diluido.

4. Con la cuchara mezcladora, mezcla el activador con los ingredientes.

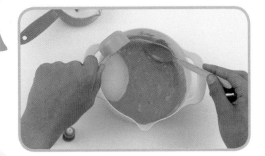

5. Repite los pasos 3 y 4 hasta que el slime esté tan cohesionado que puedas sacarlo del bol. Si la masa está demasiado pegajosa, añade unas gotas más de almidón líquido o alterna unas cuantas gotas de bicarbonato diluido con unas cuantas gotas de líquido de lentillas, hasta que deje de pegarse al bol o a las manos.

6. Amasa el slime fuera del bol, ya sea con la cuchara mezcladora o con las manos.

7. Añade unas gotas de almidón líquido o de líquido de lentillas con bicarbonato hasta que no se pegue a los dedos. El slime debe estar suave y resbaladizo, debe ser muy elástico y no pegarse a nada, ni siquiera a las manos.

8. Disfruta de tu creación y recuerda guardarlo en un tarro hermético cuando hayas acabado de jugar con él.

Slime de leche

Ésta es una alternativa más fina y brillante al slime glossy

QUÉ MÁS NECESITAS

1 cucharada (15 ml) de aceite para bebés

60-88 ml de agua

QUÉ VAS A HACER

1. Mezcla la cola blanca, la loción, la pintura, el aceite de bebés y el agua en un bol.

2. Amasa los ingredientes con la cuchara mezcladora.

3. Sigue los pasos 3 a 8 del slime glossy (página 25).

¡Guau!

Slime temblón

Éste es un slime tan brillante como el glossy, pero que se mueve, brinca y rebota cuando juegas con él.

LO QUE NECESITAS

1 kit de slime

237 ml de cola blanca PVA

1 cucharada (15 ml) de loción

Colores de tu elección (pigmentos, colorante alimentario o pintura)

177 ml de agua

Activador: 6 cucharadas (89 ml) de almidón líquido
o 3 cucharaditas (15 ml) de líquido de lentillas
y 2 cucharaditas (10 ml) de bicarbonato diluido
(*véase* página 11)

Consejos

• Cuanta más agua añadas, más temblón te saldrá el slime.

• Inténtalo con cola transparente. El slime te quedará como una gelatina. Sólo tienes que asegurarte de usar más activador (*véase* página 43).

LO QUE VAS A HACER

1. Coloca la cola blanca, la loción y el color en un bol.

2. Con tu cuchara mezcladora, mezcla bien los ingredientes.

3. Ve incorporando agua progresivamente al tiempo que mezclas sin parar. Cuidado no derrames el agua mientras amasas.

4. Incorpora 1 cucharada de almidón líquido (15 ml) o 1 cucharadita (5 ml) de líquido de lentillas con el bicarbonato diluido.

5. Con la cuchara mezcladora, mezcla el activador con los ingredientes.

6. Repite los pasos 4 y 5 hasta que el slime salga fácilmente del bol. Si lo notas pegajoso, añade unas gotas más de almidón líquido o alterna unas cuantas gotas de bicarbonato diluido con unas cuantas gotas de líquido de lentillas, hasta que deje de pegarse al bol o a las manos.

7. Amasa el slime fuera del bol, ya sea con la cuchara mezcladora o con las manos.

8. Añade unas gotas de almidón líquido o de líquido de lentillas con bicarbonato hasta que no se pegue a los dedos. El slime debe estar suave y resbaladizo, pero debes poder sostenerlo con las manos.

9. Disfruta de tu creación y recuerda guardarlo en un tarro hermético cuando hayas acabado de jugar con él.

Bomba de purpurina

Éste es un slime crujiente, superbrillante y que puede ser holográfico, metálico y repleto de colorines y reflejos.

LO QUE NECESITAS

1 kit de slime

118 ml de cola transparente PVA

Activador: 6 cucharadas (89 ml) de almidón líquido o 5 cucharaditas (25 ml) de líquido de lentillas y 4 cucharaditas (20 ml) de bicarbonato diluido (*véase* página 11)

Otro bol (no el de tu kit habitual)

1 taza (236 g) de purpurina del color que prefieras

LO QUE VAS A HACER

1. Coloca la cola transparente en un bol.

2. Incorpora 1 cucharada de almidón líquido (15 ml) o 1 cucharadita (5 ml) de líquido de lentillas con el bicarbonato diluido.

3. Con la cuchara mezcladora, mezcla el activador con la cola.

4. Repite los pasos 2 y 3 hasta que el slime salga fácilmente del bol. Si lo notas pegajoso, añade unas gotas más de almidón líquido o alterna unas cuantas gotas de bicarbonato diluido con unas cuantas gotas de líquido de lentillas, hasta que deje de pegarse al bol o a las manos.

5. Amasa el slime hasta que el activador esté totalmente mezclado con el slime.

6. Pon la purpurina en el segundo bol.

7. Introduce el slime en el bol de purpurina. Amasa para mezclarlo.

8. Repite el paso 7 tantas veces como desees. No añadas más de 3 veces la cantidad de purpurina al slime o ésta se caerá.

9. Disfruta de tu creación y recuerda guardarlo en un tarro hermético cuando hayas acabado de jugar con él.

Consejos

Si la purpurina se te queda en los dedos, el slime habrá quedado demasiado pegajoso. Para solucionarlo, añade unas gotas de almidón líquido o de líquido de lentillas.

Moco de unicornio

Haz un slime legendario como el moco de unicornio. ¡Mezcla cinco colores juntos y crea un mágico efecto de mármol!

LO QUE NECESITAS

1 kit de slime

237 ml de cola blanca PVA

1 cucharada de loción (15 ml)

Activador: 6 cucharadas (89 ml)
de almidón líquido
o 3 cucharaditas (15 ml) de
líquido de lentillas y 2 cucharaditas
(10 ml) de bicarbonato diluido
(*véase* página 11)

Los colores que prefieras
de pigmentos, colorantes
o pinturas.

Si quieres brillo, purpurina
iridiscente
u holográfica (opcional)

LO QUE VAS A HACER

1. Coloca la cola blanca y la loción en un bol. Con tu cuchara mezcladora, mezcla bien los ingredientes.

2. Incorpora 1 cucharada de almidón líquido (15 ml) o 1 cucharadita (5 ml) de líquido de lentillas con el bicarbonato diluido.

3. Con la cuchara mezcladora, mezcla el activador con los ingredientes. Repite el paso 2 hasta que el slime se despegue fácilmente del bol y puedas sacarlo. Si se pega mucho, prueba a añadir unas gotas de almidón o unas gotas de bicarbonato diluido en líquido de lentillas. Así hasta que no se pegue.

4. Amasa el slime fuera del bol, ya sea con la cuchara mezcladora o con las manos.

5. Añade unas gotas de almidón líquido o de líquido de lentillas con bicarbonato hasta que no se pegue a los dedos. El slime debe estar suave y resbaladizo, debe ser muy elástico y no pegarse a nada, ni siquiera a las manos.

6. Divide la masa en cinco partes iguales.

7. Añade color azul a una de las partes, rosa en la segunda, amarillo en la tercera, verde en la cuarta y lila en el último trozo.

8. Amasa cada trozo por separado hasta que se haya integrado el color utilizando tu palo de mezclar.

9. Ahora, amasa todos los colores juntos para conseguir el efecto mármol. (*Véase* la página siguiente para aprender a crear slimes de mármol).

10. Si quieres añadirle brillo, coloca tu slime de mármol en un bol y añade el brillo que prefieras, pero asegúrate que no sea más de 28 g por cada 85 g de slime o la purpurina se caerá.

11. Disfruta de tu slime y recuerda guardarlo en un tarro hermético para que no le dé el aire.

Cómo hacer: Slime de mármol

Para hacer un slime de mármol, une dos slimes de diferentes colores.
Coge ambos extremos con las manos, estíralos a la vez, luego retuércelos.
Repite el procedimiento hasta que quede como tú quieras.

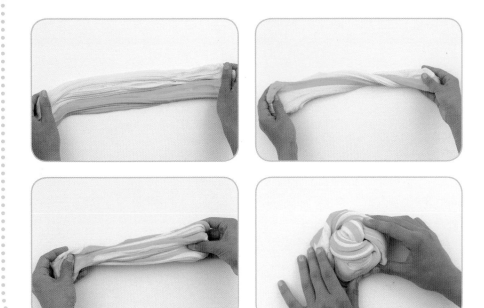

¡Intenta esto!

Slime arcoíris

El slime arcoíris se hace como el moco de unicornio
pero con todos los colores del arcoíris, con algunas chispitas iridiscentes,
para crear algo que parezca de un mundo de fantasía.

Sopla lentamente
por una pajita
para que no explote
demasiado pronto.

ATENCIÓN

Este slime lleva bolitas
de embalaje que pueden
representar un riesgo
potencial. Asegúrate de
que un adulto supervisa
tu trabajo, especialmente
si vas a soplar el slime
con una pajita.

Slime chicle

Este robusto slime con base brillante recuerda mucho a un enorme chicle ya masticado. Es tan real y parecido que hasta se pueden hacer pompas, pero **definitivamente, ¡este slime no se come!**

LO QUE NECESITAS

1 kit de slime

237 ml de cola blanca PVA

1 cucharada (15 ml) de loción

Tu color favorito en pigmento, colorante o pintura

Activador: 6 cucharadas (89 ml) de almidón líquido o 3 cucharaditas (15 ml) de líquido de lentillas y 2 cucharaditas (10 ml) de bicarbonato diluido (*véase* página 11)

De 5 a 10 bolitas de embalaje

Consejos

• Usa pintura rosa para que tu slime parezca un chicle de fresa.

• Si no tienes bolitas de embalaje, arranca trocitos pequeños de porexpán, desmenúzalo e incorpóralo al slime.

LO QUE VAS A HACER

1. Coloca la cola blanca, la loción y el color en un bol. Con tu cuchara mezcladora, mezcla bien los ingredientes.

2. Incorpora 1 cucharada de almidón líquido (15 ml) o 1 cucharadita (5 ml) de líquido de lentillas con el bicarbonato diluido.

3. Con la cuchara mezcladora, mezcla el activador con los ingredientes.

4. Repite los pasos 2 y 3 hasta que puedas sacarlo del bol. Si lo notas pegajoso, añade unas gotas más de almidón líquido o alterna unas cuantas gotas de bicarbonato diluido con unas cuantas gotas de líquido de lentillas, hasta que deje de pegarse al bol o a las manos.

5. Amasa el slime fuera del bol, ya sea con la cuchara mezcladora o con las manos.

6. Añade unas gotas de almidón líquido o de líquido de lentillas con bicarbonato hasta que no se pegue a los dedos. El slime debe estar suave y resbaladizo, debe ser muy elástico y no pegarse a nada, ni siquiera a las manos.

7. Coloca las bolitas encima del slime.

8. Con las manos, amasa el slime para mezclar las bolitas. Cuanto más juegues con el slime, más se fragmentarán las bolas y le darán más aspecto de chicle usado.

Slime de arena

La textura de este slime se consigue usando arena e incluso mantiene la forma cuando lo moldeas.

LO QUE NECESITAS

1 kit de slime

237 ml de cola blanca PVA

1 cucharada (15 ml) de loción

Tu color favorito en pigmento, colorante o pintura (opcional)

1 taza de arena

Activador: 6 cucharadas (89 ml) de almidón líquido o 3 cucharaditas (15 ml) de líquido de lentillas y 2 cucharaditas (10 ml) de bicarbonato diluido (*véase* página 11)

Consejos

• Como pasa con el slime nieve, puedes hacer figuras divertidas con el slime de arena. ¡Sé creativo y usa cortadores para galletas!

• No pongas mucha arena o el slime te quedará demasiado duro y poco elástico. Si esto te ocurriera, ve añadiendo más slime solo, cucharada a cucharada, hasta que estés satisfecho con la textura.

LO QUE VAS A HACER

1. Coloca la cola blanca, la loción y el color en un bol.

2. Con tu cuchara mezcladora, mezcla bien los ingredientes.

3. Incorpora la arena. Usa las manos para amasar hasta que todo se aglutine.

4. Incorpora 1 cucharada de almidón líquido (15 ml) o 1 cucharadita (5 ml) de líquido de lentillas con el bicarbonato diluido.

5. Con la cuchara mezcladora, o con las manos, mezcla el activador con los ingredientes.

6. Repite los pasos 4 y 5 hasta que puedas sacarlo del bol. Si lo notas pegajoso añade unas gotas más de almidón líquido o alterna unas cuantas gotas de bicarbonato diluido con unas cuantas gotas de líquido de lentillas, hasta que deje de pegarse al bol o a las manos.

7. Amasa el slime fuera del bol, ya sea con la cuchara mezcladora o con las manos.

8. Añade unas gotas de almidón líquido o de líquido de lentillas con bicarbonato hasta que no se pegue a los dedos. El slime debe tener textura y ser muy elástico.

9. Disfruta de tu slime de arena y no olvides guardarlo en un tarro hermético.

Slime vela

Este espeso y esponjoso slime está hecho con velas. Es supersuave y tiene un tacto sedoso.

LO QUE NECESITAS

1 kit de slime

Un cuchillo de mantequilla

118 ml de cera de vela

Un bol que valga para el microondas

Un microondas

Un mango o pinza para coger el bol

237 ml de cola blanca PVA

Activador: 6 cucharadas (89 ml) de almidón líquido o 3 cucharaditas (15 ml) de líquido de lentillas y 2 cucharaditas (10 ml) de bicarbonato diluido (*véase* página 11)

Tu color preferido de pigmento, colorante o pintura

ATENCIÓN

Este slime requiere que se caliente cera en un bol al microondas. Ten mucho cuidado cuando agarres el bol caliente con la cera derretida. ¡Asegúrate de que un adulto supervisa tu trabajo!

LO QUE VAS A HACER

1. Con el cuchillo de mantequilla, corta 118 ml de cera de una vela y coloca los trozos en un bol que pueda meterse en el microondas.

2. Mete el bol en el microondas durante 60 segundos, o hasta que la cera esté derretida. Usa un mango o pinza para coger el bol caliente (o unos guantes de horno).

3. Incorpora 118 ml de cola blanca en el bol y mezcla con la cera derretida (usando una cuchara mezcladora).

4. Mete en el microondas durante 30 o 60 segundos más, hasta que todo se haya derretido. Con la cuchara mezcladora, bate todo bien.

5. Añade los 118 ml restantes de cola blanca en el bol. Mezcla más con la cuchara mezcladora.

6. Vuelve a meter en el microondas entre 15 y 30 segundos más hasta que no queden grumos.

7. Incorpora 1 cucharada (15 ml) de almidón o 1 cucharadita (5 ml) de bicarbonato diluido y líquido de lentillas.

8. Con tu cuchara mezcladora, mezcla el activador con el slime del bol.

9. Repite los pasos 7 y 8 hasta que el slime se despegue bien del bol. Si te queda muy pegajoso, añade más gotas de almidón líquido o alterna unas gotas de bicarbonato diluido con líquido de lentillas. Así hasta que no se pegue.

10. Incorpora el color que prefieras.

11. Amasa el slime con la cuchara o con las manos. Si encuentras el slime demasiado caliente, deja que se enfríe un poco antes de amasarlo.

12. Añade unas gotas de almidón o de líquido de lentillas hasta que el slime no se te pegue a las manos. Debe quedarte suave y esponjoso.

13. Disfruta de tu slime y recuerda guardarlo en un tarro hermético para que no se seque.

Consejo

Experimenta con velas perfumadas. El perfume de la vela quedará en tu slime, así que escoge un olor que te guste. A mí me gusta el refrescante olor a limón.

Huevos de pez

Éste es un slime crujiente y transparente, con base de cola y de mi invención. Lo he llamado huevos de pez porque sus bolitas transparentes se parecen a los huevos de pez y son crujientes.

LO QUE NECESITAS

1 kit de slime

Activador: 6 cucharadas (89 ml)
de almidón líquido o
5 cucharaditas (25 ml)
de líquido de lentillas
y 4 cucharaditas (20 ml)
de bicarbonato diluido
(*véase* página 11)

118 ml de cola PVA transparente

Tu color favorito de colorante
alimentario, pigmento o pintura

Un bol (distinto al de tu kit)

1 taza (236 g) de bolitas acrílicas

ATENCIÓN

Este slime utiliza bolitas acrílicas, que pueden representar un potencial peligro. ¡Asegúrate de que un adulto supervisa tu trabajo!

LO QUE VAS A HACER

1. Coloca el pegamento transparente y el colorante en un bol.

2. Incorpora 1 cucharada de almidón líquido (15 ml) o 1 cucharadita (5 ml) de líquido de lentillas con el bicarbonato diluido. Con tu cuchara mezcladora, remueve bien.

3. Repite el paso 2 hasta que el slime salga solo del bol. El slime quedará un poco pegajoso porque tendrá que agarrar las bolitas acrílicas. Si se pega en exceso, añade gotitas de almidón o de líquido de lentillas con bicarbonato disuelto, hasta que no se pegue tanto.

4. Amasa el slime, ya sea con la cuchara mezcladora o con las manos, hasta que el activador se haya mezclado bien.

5. Coloca las bolitas acrílicas en otro bol.

6. Mete el slime en el bol de las bolitas para que se peguen. Amásalo para que se repartan las bolas por el slime.

7. Repite el paso 6 tantas veces como quieras. Cuantas más bolitas mezcles, más crujiente será el slime. Pero cuidado, no vayas a poner demasiadas. El máximo es 3 partes de bolitas por 1 parte de slime. Si pones más, el slime se estropea.

8. Disfruta de tus huevos de pez y recuerda guardarlos en un tarro hermético.

Slime transparente

El slime transparente tiene una textura diferente respecto a los slimes con base de cola blanca. El slime transparente puede ser realmente transparente si se hace correctamente. Si necesitas ayuda, mira la página siguiente.

LO QUE NECESITAS

1 kit de slime

237 ml de cola transparente PVA

Activador: 6 cucharadas (89 ml) de almidón líquido o 3 cucharaditas (15 ml) de líquido de lentillas y 2 cucharaditas (10 ml) de bicarbonato diluido (*véase* página 11)

ATENCIÓN

Si añades cuentas o bolitas a este slime, recuerda que pueden representar un peligro potencial. ¡Asegúrate que un adulto supervisa tu trabajo!

LO QUE VAS A HACER

1. Coloca la cola transparente en un bol.

2. Incorpora 1 cucharadita (5 ml) de líquido de lentillas con bicarbonato diluido.

3. Mezcla el activador con los ingredientes con la cuchara mezcladora.

4. Repite los pasos 2 y 3 hasta que puedas sacarlo fácilmente del bol. Si lo notas pegajoso, añade unas gotas más de bicarbonato diluido unas cuantas gotas de líquido de lentillas, hasta que deje de pegarse al bol o a las manos.

5. Amasa el slime fuera del bol, ya sea con la cuchara mezcladora o con las manos.

6. Añade unas gotas de líquido de lentillas con bicarbonato hasta que no se pegue a los dedos.

7. Disfruta de tu slime transparente y no olvides guardarlo en un tarro hermético.

¡Puedes añadir cosas al slime y las verás perfectamente por dentro!

Cómo hacer:
Slime de cristal transparente

• Lava y seca el bol, la cuchara mezcladora
y tus propias manos antes de empezar.

• Asegúrate de que el activador está limpio y es completamente transparente.
Muchos almidones líquidos no están limpios, así que mejor usa bicarbonato
diluido y líquido de lentillas (*véase* página 11).

• Toca el slime lo menos posible con las manos, especialmente si no las tienes
superlimpias. Por eso conviene que te las laves muy bien antes de jugar
con este slime, para que no se ensucie.

• Mezcla los ingredientes lentamente para minimizar la aparición de burbujas
en el slime. Las burbujas disminuyen la transparencia.

• Tras completar el proyecto, almacena el slime en un tarro hermético y déjalo
reposar unos cuantos días, sin tocarlo, para que las burbujas que pueda haber
suban hacia arriba del tarro y escapen. Si lo dejas al sol o en una ventana
con mucha claridad, se aclarará más rápidamente, pero puede estropearse.
Pon una cucharada de activador sobre el slime, una vez dentro del tarro,
y ponlo en la nevera o cerca del aire acondicionado. Espera hasta que el
activador haya penetrado en el slime y disfruta jugando con él.

¡Intenta esto!

Slime avalancha

Llena un tarro transparente con el slime transparente. Añade otro slime a base
de cola blanca por encima, cierra la tapa y espera más o menos 3 días,
para que el slime blanco baje y penetre en el transparente.
Tendrá un fantástico efecto de avalancha blanca.

Haz una
fiesta
SLIME

¡Éste es el slime
perfecto para
compartir con
un amigo!

Slime mate

Este slime, suave y untable, también es llamado «crema de queso». Es superconsistente y denso, lo contrario del slime manteca, que es ligero y suave. Parece que pudieras untarlo sobre un panecillo, pero por mucho que lo parezca **¡no se come!**

LO QUE NECESITAS

1 kit de slime

237 ml de cola blanca PVA

¾ de taza (95 g) de maicena o harina de maíz

2 cucharadas (30 ml) de loción

¼ de taza (60 ml) de espuma de afeitar

Pigmento o colorante del color que prefieras.

Activador: 6 cucharadas (89 ml) de almidón líquido o 5 cucharaditas (25 ml) de líquido de lentillas y 2 cucharaditas (10 ml) de bicarbonato diluido (*véase* página 11)

LO QUE VAS A HACER

1. Coloca la cola blanca, la maicena, la loción, la espuma de afeitar y el colorante en un bol.

2. Con la cuchara, mezcla los ingredientes.

3. Incorpora 1 cucharada de almidón líquido (15 ml) o 1 cucharadita (5 ml) de líquido de lentillas con el bicarbonato diluido.

4. Mezcla el activador con la cuchara mezcladora.

5. Repite los pasos 3 y 4 hasta que el slime salga fácilmente del bol. Si se pega en exceso, añade gotitas de almidón o de líquido de lentillas con bicarbonato disuelto, hasta que no se pegue tanto.

6. Amasa el slime, ya sea con la cuchara mezcladora o con las manos, hasta que el activador se haya mezclado bien.

7. Añade unas gotas de almidón o líquido de lentillas, poco a poco, hasta que el slime no se pegue. Debes notarlo muy denso, elástico y suave.

8. Disfruta de tu slime y recuerda guardarlo en un tarro hermético.

Consejo

Si este slime te queda muy débil, añádele más maicena. Como de repente se volverá muy denso, ten a mano el activador. Si se pone muy denso y duro, pásalo por un chorro de agua caliente durante unos segundos o añade más loción.

Slime manteca

Éste es un slime realmente liviano y suave y va mezclado con arcilla. La textura es de mantequilla. Hasta puedes cortarlo con un cuchillo de mantequilla, pero recuerda que **¡no se come!**

LO QUE NECESITAS

1 kit de slime

118 ml de cola blanca PVA

Tu color favorito en forma de pigmento, colorante o pintura

Activador: 6 cucharadas (89 ml) de almidón líquido o 3 cucharaditas (15 ml) de líquido de lentillas y 2 cucharaditas (10 ml) de bicarbonato diluido (*véase* página 11)

227 g de arcilla de modelar

2 cucharadas (30 ml) de loción

Consejo

• Asegúrate de comprar **arcilla para modelar** y no arcilla corriente. La arcilla normal para hacer cerámica no produce slime manteca.

• Puedes cambiar el color del slime usando diferentes colores de arcilla.

LO QUE VAS A HACER

1. Coloca la cola blanca y el colorante en un bol.

2. Incorpora 1 cucharada de almidón líquido (15 ml) o 1 cucharadita (5 ml) de líquido de lentillas con el bicarbonato diluido. Mezcla con tu cuchara mezcladora.

3. Repite el paso 2 hasta que el slime salga fácilmente del bol. Si se pega en exceso, añade gotitas de almidón o de líquido de lentillas con bicarbonato disuelto, hasta que no se pegue tanto.

4. Incorpora más almidón o líquido de lentillas, progresivamente, hasta que el slime quede ligeramente gomoso. Si no tiene esta consistencia de goma, la arcilla se secará y el slime se endurecerá.

5. En una superficie limpia, añade loción en la arcilla de modelar. Usa las manos para amasar la arcilla con la loción.

6. Añade la arcilla amasada al bol del slime y amásalo todo junto. Deberás notar una consistencia suave, parecida a la plastilina. Si notas el slime duro, añade 1 cucharadita (5 ml) de loción, poco a poco, hasta que notes la textura de la manteca.

7. Disfruta tu slime y recuerda almacenarlo en un tarro hermético.

Slime manteca sin pegamento

LO QUE NECESITAS

227 g de arcilla para modelar

2 cucharadas (30 ml) de loción

LO QUE VAS A HACER

1. Sigue las instrucciones para el slime manteca, pero sáltate los pasos 1 a 5.

2. Sigue el paso 6. Sin cola, la consistencia será más suave y parecida a la textura de la arcilla.

3. Añade gotas de colorante al slime.

4. Disfruta de tu slime y recuerda guardarlo en un recipiente hermético.

¡Haz formas divertidas y diseños originales!

Slime nieve

Este slime crujiente tiene base de pegamento transparente y la textura es como la de la nieve.

LO QUE NECESITAS

1 kit de slime

118 ml de cola transparente PVA

Activador: 6 cucharadas (89 ml) de almidón líquido o 5 cucharaditas (25 ml) de líquido de lentillas y 4 cucharaditas (20 ml) de bicarbonato diluido

Un bol diferente (no el del kit)

1 taza (236 g) de polvo de nieve

Consejo

Este slime se hace polvo y se seca con mucha facilidad. Para asegurarte de que tu slime se mantiene limpio, lávate siempre las manos antes de jugar con él. Después, métela enseguida en su tarro hermético. Si lo dejas al aire atrapará polvo y suciedad, ensuciándose y poniéndose feo.

LO QUE VAS A HACER

1. Coloca la cola transparente en un bol.

2. Incorpora 1 cucharada de almidón líquido (15 ml) o 1 cucharadita (5 ml) de líquido de lentillas con el bicarbonato diluido.

3. Mezcla el activador con la cuchara mezcladora.

4. Repite los pasos 3 y 4 hasta que el slime salga fácilmente del bol. Este slime debe ser lo bastante pegajoso como para agarrar la nieve en polvo. Si se pega en exceso, añade gotitas de almidón o de líquido de lentillas con bicarbonato disuelto, hasta que no se pegue tanto.

5. Amasa el slime, ya sea con la cuchara mezcladora o con las manos, hasta que el activador se haya mezclado bien.

6. Coloca la nieve en polvo en un bol aparte.

7. Mete el slime en el bol de la nieve falsa para que se pegue, y amasa para que penetre por todas partes.

8. Repite el paso 7 hasta que quede con la consistencia que te gusta. Debe quedar crujiente. Usa un máximo de 3 partes de nieve por 1 de slime, de lo contrario se estropeará.

9. Disfruta de tu slime y recuerda guardarlo en un tarro hermético.

Slime galáctico

Este precioso slime multicolor recuerda una galaxia con sus estrellitas brillantes. Coge el universo entero con la palma de tu mano.

LO QUE NECESITAS

1 kit de slime

237 ml de cola blanca PVA

1 cucharada (15 ml) de loción

Activador: 6 cucharadas (89 ml) de almidón líquido o 3 cucharaditas (15 ml) de líquido de lentillas y 2 cucharaditas (10 ml) de bicarbonato diluido

Tu color preferido en pigmento, colorante o pintura

Brillo (plateado, dorado, azul y púrpura son los más chulos)

LO QUE VAS A HACER

1. Coloca la cola blanca y la loción en un bol. Usa la cuchara mezcladora para aglutinar.

2. Incorpora 1 cucharada de almidón líquido (15 ml) o 1 cucharadita (5 ml) de líquido de lentillas con el bicarbonato diluido. Con la cuchara mezcladora, mezcla el activador con los ingredientes anteriores. Repite hasta que el slime salga fácilmente del bol. Si se pega en exceso, añade gotitas de almidón o de líquido de lentillas con bicarbonato disuelto, hasta que no se pegue tanto.

3. Amasa el slime, ya sea con la cuchara mezcladora o con las manos, hasta que el activador se haya mezclado bien.

4. Añade unas gotas de almidón o líquido de lentillas, poco a poco, hasta que el slime no se pegue. Debes notarlo muy suave y elástico, sin que se pegue a tus dedos.

5. En una superficie de trabajo limpia, divide el slime en dos partes iguales. Añade el color azul a una mitad y el color púrpura a la otra. Si no consigues color púrpura, puedes hacerlo mezclando azul y rojo.

6. Amasa los trozos de slime azul y púrpura por separado, con las manos o con la cuchara mezcladora, hasta que quede integrado en los slimes.

7. Combina los slimes azul y púrpura para enrollarlos ya hacer un slime de mármol (*véase* la página 35 para saber cómo hacer slime de mármol).

8. Coloca el slime de mármol en el bol, otra vez, y espolvorea el brillo por encima. Sólo por encima, porque las estrellitas tienen que verse en todo momento. Puedes ponerle tantos brillos como quieras, pero procura que la relación no pase de 28 gr de brillos por cada 85 gr de slime o estropearás el slime.

9. Disfruta jugando con tu nuevo slime, pero recuerda que debes guardarlo en un tarro hermético cuando acabes de jugar.

Cómo hacer slime de mármol

Para hacer slime de mármol, coge slimes de diferentes colores, agárralos con una mano y con la otra estira hasta que queden tiras largas. Luego las retuerces todas y formas una bola. Repite la operación tantas veces como creas necesario hasta que te guste la combinación de colores. Colócalo en un recipiente hermético después. Mira la página 35 para ver las fotos de cómo hacerlo.

Consejo

Un método fácil y rápido de moler bolitas de agua es ponerlas en una batidora con agua en la proporción de 2 cucharaditas (10 ml) de agua por cada 237 g (1 taza) de bolas de agua. **Mucho cuidado con las cuchillas, mejor pide a un adulto que te ayude en este proceso.** Dependerá de la potencia de la batidora, pero, en general, se tarda entre unos 30 segundos y 1 minuto en moler todas las bolas de manera más o menos homogénea. Si no tienes una batidora, el método de la bolsa para bocatas (que se usa en el proyecto de slime de pompas) te servirá también.

Slime de pompas

El slime de pompas es un slime tembloroso y transparente que recuerda mucho a las pompas de jabón que forman la espuma. Este slime requiere de una planificación anticipada porque se tarda prácticamente un día entero para conseguirlo.

LO QUE NECESITAS

1 kit de slime

¼ de cucharadita (1 g) de bolas de agua secas

1 bolsa de bocatas con cierre zip

237 ml de cola transparente PVA

1 bol distinto (no el del kit)

Agua

Activador: 6 cucharadas (89 ml) de almidón líquido o 5 cucharaditas (25 ml) de líquido de lentillas y 4 cucharaditas (20 ml) de bicarbonato diluido (*véase* página 11)

Tu color preferido de pigmento, colorante o pintura (opcional)

ATENCIÓN

Este slime usa bolas de agua, que pueden representar un potencial peligro. ¡Asegúrate de contar con la supervisión de un adulto!

LO QUE VAS A HACER

1. Coloca las bolas en un bol con el agua. Cuando hayan absorbido el agua deberías tener 1 taza (237 g) de bolitas. Necesitarán 1 día entero para ello.

2. Mete las bolas de agua en la bolsa para bocatas, ciérrala bien y, con los dedos, explótalas hasta que se hayan machacado todas y no haya grumos grandes.

3. Pon la cola transparente y las bolas machacadas en un bol. Con la cuchara mezcladora, mezcla ambos ingredientes.

4. Incorpora 1 cucharada (15 ml) de almidón líquido o 1 cucharadita (5 ml) de líquido de lentillas con bicarbonato. Mezcla el activador con los ingredientes usando la cuchara.

5. Repite el paso 4 hasta que el slime salga fácilmente del bol. Si te queda demasiado pegajoso, ve añadiendo unas gotas más de almidón o de líquido de lentillas y bicarbonato diluido, hasta que no se pegue.

6. Incorpora el color que más te guste, si quieres que sea de color, claro.

7. Amasa con la cuchara o con las manos.

8. Añade unas gotas de almidón líquido o de solución para lentillas, poquito a poco, hasta que el slime no esté duro. La textura debe ser la de una jalea suave.

9. Disfruta de tu slime transparente y no olvides guardarlo en un tarro hermético.

¡ROARRRR!

Slime de espuma

Este slime crujiente está lleno de pompas semejantes a las de la espuma que petan cada vez que las aprietas estirando, aplastando y retorciendo el slime.

LO QUE NECESITAS

1 kit de slime

118 ml de cola transparente PVA

Tu color preferido en pigmento, colorante o pintura

Activador: 6 cucharadas (89 ml) de almidón líquido o 5 cucharaditas (25 ml) de líquido de lentillas y 4 cucharaditas (20 ml) de bicarbonato diluido (véase página 11)

1 bol (no el del kit)

1 taza (236 g) de cuentas para manualidades

ATENCIÓN

Este slime usa cuentas, que pueden representar un potencial peligro. ¡Asegúrate de contar con la supervisión de un adulto!

LO QUE VAS A HACER

1. Pon la cola transparente y el color en un bol.

2. Incorpora 1 cucharada (15 ml) de almidón líquido o 1 cucharadita (5 ml) de líquido de lentillas con bicarbonato. Mezcla el activador con los ingredientes usando la cuchara.

3. Repite el paso 2 hasta que el slime salga fácilmente del bol. El slime debe ser lo bastante pegajoso como para agarrar las cuentas. Si te queda demasiado pegajoso, ve añadiendo unas gotas más de almidón, alterna líquido de lentillas y bicarbonato diluido, hasta que no se pegue.

4. Amasa con la cuchara o con las manos.

5. Pon las cuentas en un segundo bol.

6. Mete el slime en el bol de las cuentas y amásalo para que las cuentas se incorporen.

7. Repite el paso 6 tantas veces como sea necesario. Cuantas más cuentas metas en el slime, más crujiente quedará. Pero no vayas a poner demasiadas. Usa un máximo de 3 partes de cuentas por 1 de slime, de lo contrario se estropeará el slime.

8. Disfruta de tu slime y no olvides guardarlo en un tarro hermético.

Slime de burbujas

Este slime necesita de varios días para hacerse, pero la espera merece la pena porque se consiguen más crujidos, explosiones y pedorretas.

LO QUE NECESITAS

1 kit de slime

237 ml de cola blanca PVA

118 ml de espuma de afeitar

2 cucharadas de loción

Tu color preferido en forma de pigmento, colorante o pintura

6 descargas de jabón para manos en espuma

3 descargas de jabón para la cara en espuma (opcional)

Activador: 6 cucharadas (89 ml) de almidón líquido o 3 cucharaditas (15 ml) de líquido de lentillas y 2 cucharaditas (10 ml) de bicarbonato diluido *(véase* página 11)

LO QUE VAS A HACER

1. Coloca la cola blanca, la espuma de afeitar, la loción y la pintura en un bol. Incorpora el jabón espumoso para manos y el de la cara (opcional) en el mismo bol.

2. Con la cuchara mezcladora, une todos los ingredientes.

3. Incorpora 1 cucharada (15 ml) de almidón líquido o 1 cucharadita (5 ml) de líquido de lentillas con bicarbonato.

4. Mezcla el activador con los ingredientes usando la cuchara.

5. Repite los pasos 3 y 4 hasta que el slime salga fácilmente del bol. Si te queda demasiado pegajoso, ve añadiendo unas gotas más de almidón o líquido de lentillas y bicarbonato diluido, hasta que no se pegue.

6. Amasa con la cuchara mezcladora o con las manos.

7. Añade unas gotas de almidón o de líquido de lentillas poco a poco hasta que no se pegue nada.

8. Coloca el slime en un recipiente hermético y déjalo reposar por lo menos 3 días para que se formen las burbujas.

9. Cuando el slime presenta muchas burbujas en la parte superior, es que ya está listo. Cuando juegues con él, hará un sonido chisporroteante, que es el de las burbujas explotando.

Antes

Después

Consejos

• Cuanto más jabón utilices, más burbujas conseguirás.
Sin embargo, no uses más de 3 veces la cantidad de cola
o el slime se volverá duro.

• El jabón para la cara hace que el slime sea más esponjoso,
pero no produce más burbujas.

Cómo ablandar tu slime

El slime de burbujas se irá endureciendo conforme juegues
con él. Después de dos o tres sesiones de juego, las burbujas
irán desapareciendo y se volverá duro y poco crujiente. Para
ablandarlo, métselo bajo un chorro de agua caliente o añádele
loción. Si lo que quieres es reactivar las burbujas, añade
más jabón de manos y déjalo reposar 3 días.

¡Intenta esto!

Slime iceberg

Deja tu slime de burbujas en un recipiente destapado durante 4 días y se volverá más crujiente.

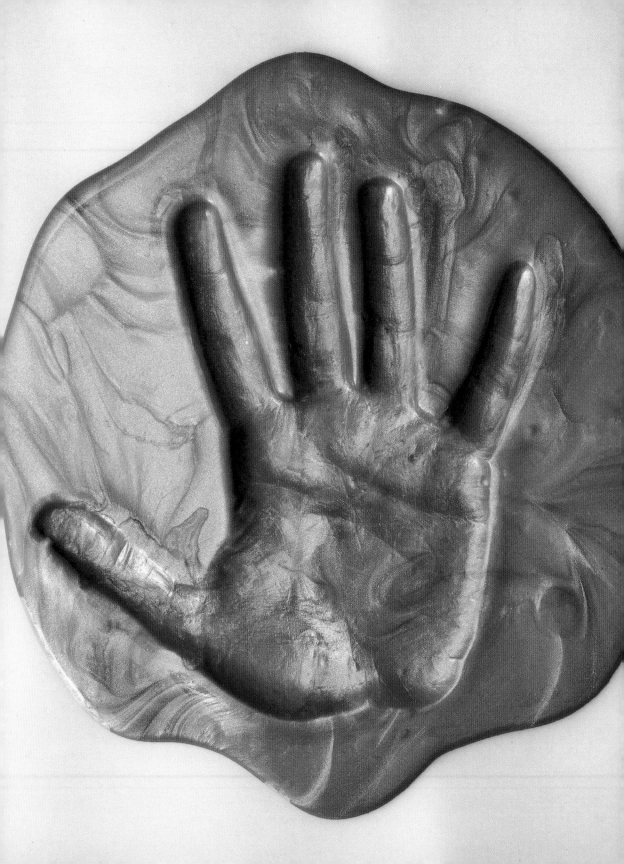

Slime metálico

Cuando estires y retuerzas este slime supermetálico, los pigmentos atraparán la luz y crearán un efecto brillante y reluciente.

LO QUE NECESITAS

1 kit de slime

237 ml de cola transparente PVA

1 cucharada (15 ml) de pintura metalizada o 1 cucharadita (4 g) de pigmento metalizado en polvo, del color que prefieras

Activador: 6 cucharadas (89 ml) de almidón líquido o 5 cucharaditas (25 ml) de líquido de lentillas y 4 cucharaditas (20 ml) de bicarbonato diluido (*véase* página 11)

Consejo

Si quieres conseguir diversos colores metálicos, añade un pigmento blanco perlado o pintura blanca de perla y colorante de otros colores. Puedes hacer un arcoíris metálico mezclando colores con pintura blanca perlada y, además, ahorrarás dinero.

LO QUE VAS A HACER

1. Pon la cola transparente PVA con la pintura metálica en un bol.

2. Mezcla con la cuchara mezcladora.

3. Añade 1 cucharada (15 ml) de almidón líquido o 1 cucharadita (5 ml) de bicarbonato diluido con líquido de lentillas.

4. Mezcla el activador con los ingredientes usando la cuchara.

5. Repite los pasos 3 y 4 hasta que el slime salga fácilmente del bol. Si te queda demasiado pegajoso, ve añadiendo unas gotas más de almidón o líquido de lentillas y bicarbonato diluido, hasta que no se pegue.

6. Amasa con la cuchara o con las manos.

7. Añade unas gotas de almidón líquido o de solución para lentillas, poquito a poco, hasta que el slime no esté duro. La textura debe ser suave y elástica.

8. Disfruta de tu slime y no olvides guardarlo en un tarro hermético.

Slime de papel maché

Este slime macizo recuerda mucho el material con el que se hacen manualidades de papel maché.

LO QUE NECESITAS

1 kit de slime

237 ml de cola blanca PVA

1 cucharada (15 ml) de loción

Activador: 6 cucharadas (89 ml) de almidón líquido o 3 cucharaditas (15 ml) de líquido de lentillas y 2 cucharaditas (10 ml) de bicarbonato diluido (*véase* página 11)

3 o 4 pañuelos de papel

Consejo

Procura amasar mucho el slime para que no queden grumos.

LO QUE VAS A HACER

1. Pon la cola blanca PVA con la pintura en un bol. Mezcla con la cuchara mezcladora.

2. Añade 1 cucharada (15 ml) de almidón líquido o 1 cucharadita (5 ml) de bicarbonato diluido con líquido de lentillas. Mezcla el activador con los ingredientes usando la cuchara. Repite este paso hasta que el slime salga fácilmente del bol. Si te queda demasiado pegajoso, ve añadiendo unas gotas más de almidón o de líquido de lentillas y bicarbonato diluido, hasta que no se pegue.

3. Amasa con la cuchara o con las manos.

4. Añade unas gotas de almidón líquido o de solución para lentillas, poquito a poco, hasta que el slime no esté duro. La textura debe ser suave y elástica para no pegarse a los dedos.

5. Rompe los pañuelos en trocitos pequeños e incorpóralos al slime. Amasa bien para que se mezcle todo. Verás que te queda suave pero con unos pocos grumitos.

6. Añade más pañuelos desmenuzados hasta que te satisfaga la textura. Cuantos más uses, más grumoso será el slime.

7. Disfruta jugando con tu slime, pero recuerda guardarlo en un tarro hermético cuando acabes.

Slime esponjoso

Este slime es ligero, suave y esponjoso. Tiene apariencia mate al principio, pero luego se puede ir poniendo brillante.

LO QUE NECESITAS

1 kit de slime

237 ml de cola blanca PVA

118 ml de espuma de afeitar

2 cucharadas (30 ml) de loción

El color que prefieras de pigmento, colorante o pintura

3 descargas de jabón en espuma para manos

3 descargas de jabón en espuma para la cara (opcional)

Activador: 6 cucharadas (89 ml) de almidón líquido o 3 cucharaditas (15 ml) de líquido de lentillas y 2 cucharaditas (10 ml) de bicarbonato diluido (*véase* página 11)

LO QUE VAS A HACER

1. Pon la cola blanca PVA junto con la espuma de afeitar y el color que te guste en un bol. Incorpora el jabón en espuma para manos y para la cara (que es opcional) en el mismo bol.

2. Mezcla con la cuchara mezcladora.

3. Añade 1 cucharada (15 ml) de almidón líquido o 1 cucharadita (5 ml) de bicarbonato diluido con líquido de lentillas.

4. Mezcla el activador con los ingredientes usando la cuchara.

5. Repite los pasos 3 y 4 hasta que el slime salga fácilmente del bol. Si te queda demasiado pegajoso, ve añadiendo unas gotas más de almidón o de líquido de lentillas y bicarbonato diluido, hasta que no se pegue.

6. Amasa la mezcla con la cuchara mezcladora o con las manos.

7. Añade unas gotas de almidón líquido o de líquido para lentillas hasta que el slime no quede pegajoso. Debe estar suave, esponjoso, aireado y elástico.

8. Disfruta de tu slime y recuerda guardarlo en un tarro hermético cuando acabes de jugar con él.

Consejos

• Si añades jabón en espuma para la cara a tu slime, se esponjará e hinchará solo. Después de haber añadido el jabón para la cara, juega con el slime y revuélvelo varias veces: empezará a crecer. ¡Procura usar un bol grande!

• Si la esponjosidad se va perdiendo, añade más espuma de afeitar para devolverle su textura original. Desgraciadamente, es normal que acabe por desinflarse, pero siempre puedes volver a darle su textura original si lo tratas bien.

• Si el slime se pone duro, significa que ya es demasiado viejo para seguir jugando con él. Simplemente debes añadirle un poco de agua o de loción y quedará como nuevo.

¡Busca cosas por la casa
para hacer moldes
con tu slime!

Slime luminoso

De día parece un slime común y corriente, pero de noche, con las luces apagadas
¡emite luz en la oscuridad!

LO QUE NECESITAS

1 kit de slime

237 ml de cola transparente PVA

1 cucharadita (4 g) de polvo
fluorescente

Activador: 6 cucharadas (89 ml) de
almidón líquido o 5 cucharaditas
(25 ml) de líquido de lentillas
y 4 cucharaditas (20 ml)
de bicarbonato diluido
(*véase* página 11)

Consejo

El polvo fluorescente,
popularmente conocido
como polvo fosforito,
necesita «cargarse» con luz
antes de poder brillar en la
oscuridad. Deja tu slime
tomar el sol o bajo alguna
fuente de luz durante unos
minutos antes de apagar las
luces. Cuanto más tiempo
esté el slime cargándose con
luz, más brillará en la
oscuridad.

LO QUE VAS A HACER

1. Pon la cola transparente PVA con el polvo
   fluorescente en un bol.

2. Mezcla con la cuchara mezcladora.

3. Añade 1 cucharada (15 ml) de almidón líquido
   o 1 cucharadita (5 ml) de bicarbonato diluido
   con líquido de lentillas.

4. Mezcla el activador con los ingredientes usando
   la cuchara.

5. Repite los pasos 3 y 4 hasta que el slime salga
   fácilmente del bol. Si te queda demasiado pegajoso,
   ve añadiendo unas gotas más de almidón
   o de líquido de lentillas y bicarbonato diluido,
   hasta que no se pegue.

6. Amasa con la cuchara o con las manos.

7. Añade unas gotas de almidón líquido o de solución
   para lentillas, poquito a poco, hasta que el slime
   no esté duro. La textura debe ser suave y elástica.

8. Disfruta jugando con tu slime, pero recuerda
   guardarlo en un tarro hermético cuando acabes.

Fuentes

Las tiendas grandes de manualidades tienen la mayoría de los materiales que necesitarás para estos proyectos, como la cola PVA, la arcilla para modelar, purpurina, pinturas metalizadas y polvos fluorescentes, pigmentos, vasos medidores, cucharas medidoras, cuentas y abalorios.

Los bazares chinos también suelen tener casi todo lo mencionado.

- www.mitiendadearte.com

- www.latiendadelasmanualidades.com

- https://online.abacus.coop/es/manualidades.html

PINTURA Y PIGMENTOS

- www.artemiranda.es

- https://totenart.com

- www.amazon.es

POLVO FLUORESCENTE

- www.fotoluminiscente.es

- www.leroymerlin.es

- www.amazon.es

BOLAS DE AGUA Y POLVO DE NIEVE

- www.amazon.es

- https://es.dhgate.com

La cola PVA se encuentra muy fácilmente tanto en tiendas para manualidades como en papelerías, bazares chinos y por Internet. Las bolsas con cuentas de colores también se encuentran en estos comercios.

Agradecimientos

Gracias a mi mamá, que aceptaba con buen humor cada vez que se me caía el slime en la alfombra.

¡También quiero dar las gracias a mis seguidores de Instagram, que me apoyan tanto!

Finalmente, quiero dar las gracias a mis amigos: Min, por darme el empuje necesario cuando empecé por abrirme una cuenta; Audrey, Emily, Lianna y Angela, por ser las chicas en las que confío siempre.

Y a mis amigos de la vida real con los que me río en todo momento.

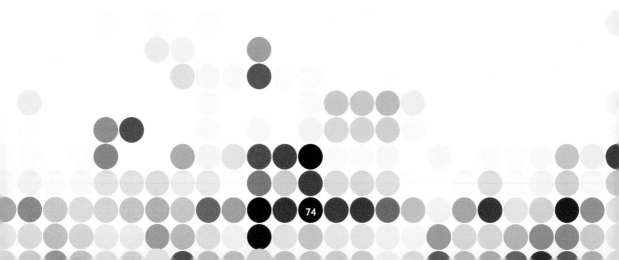

Acerca de la autora

¡Hola! Me llamo Selina y soy del norte de California.

Me gusta dibujar, leer y tocar el piano, el ukelele y la guitarra. Me abrí una cuenta en Instagram dedicada al slime (@anathemaslime) y tengo una tienda de slimes en anathemaslime.com. Los slimes que más me gustan son el esponjoso y el crujiente.

Créditos de las fotos

Fotografías de las personas y los proyectos de Christopher Bain.

iStock.com: ©4kodiak (glass measuring cup-2); ©aimy27feb (clear liquid bowl); ©Akinshin (blue bubbles, sparce); ©ambassador806 (multicolor starbursts); ©AnnaSqBerg (color speech bubbles); ©arkady2013 (clear balls/detail); ©artJazz (green powder explosion); ©Barcin (heart in snow); ©Bellanatella (multicolor clay spots); ©Larisa Bozhikova (white cream); ©Bsiro (white foam dollop); ©cclickclick (snow, heart-shaped glitter frame); ©Chaluk (gold/black glitter); ©Galina Cherryka (directional arrows); ©CLFortin (multicolor sprinkles-right side); ©clubfoot (plastic measuring spoons); ©Cometary (white slime detail); ©CPaulussen (gold stars); ©Delpixart (multicolor border); ©Larysa Dodz (white containers); ©EHStock (mixing bowls); ©Enviromantic (white board background); ©Eskaylim (wood spoon & powder, blue utensils); ©flas100 (blue splatter); ©Flyfloor (spoon); ©Richard Galbraith (POP burst); ©David Goh (multiple design elements); ©hiro-k 9 (gold/silver dots); ©Judit Hoffmann (sand-flat); ©Ideas Studio (abstract explosions); ©Imperasiusy (multicolor watercolor splashes); ©Ivymany (color tech dots); ©joto (beer bubbles); ©Naoki Kim (white crumpled paper); ©Wojciech Kozielczyk (paint bottles); ©Krafla (transparent drip); ©LoveTheWind (foam on white); ©Mattjeacock (silver stars); ©Nik Merkulov (white shaving foam); ©Milkos (gold glitter sand); ©NaCreative (blue bubbles/crowded); ©naqiewei (circular polka dots); ©Nerthuz (white bottle); ©Don Nichols (plastic peanuts); ©nu1983 (talcum powder); ©Obewon (clear glass bottle); ©ONYXprj (science symbols, magic symbols/unicorns); ©Pavlinec (pouring milk); ©Pepifoto (soap & sponges, pile of sand); ©Photosbyjam (food coloring); ©Phuchit (white polymer balls); ©Pingebat (rainbow fireworks); ©Pixelliebe (multicolor confetti); ©PLAINVIEW (shiny powder); ©robynmac (multicolor sprinkles); ©Rgbdigital (white candle/glass); ©Samohin (orange splatter); ©Scvos (gold glitter); ©showcake (white container/orange cap); ©Somnath_DC (dye powders); ©Speakman Photography (wax drips); ©Mary Stocker (pop art UFO badges); ©Subjug (tissue box); ©Sussenn (speech bubble); ©TopStockFoto (foam on hand); ©Wacomka (white glue splatter); ©WEKWEK (glitter varnish circles); ©Wwing (food coloring/red spilled); ©Polyudova Yulia (comic fish); ©Zhemchuzhina (pink comic splatter).

Índice

Fin